Rytterfokus - Boost rideglæden

Få rideglæden og trygheden tilbage

50 effektive tip & tricks til usikre ryttere

Når du ændrer dine tanker – ændrer du alt!

Forfatter Pia Bjerre

www.rytterfokus.dk

Illustrationer: **Lise Svan**

Forlag: Books on Demand GmbH, København, Danmark

Tryk: Books on Demand GmbH, Norderstedt, Tyskland

*ISBN: 978-87-**4300-116-4***

Du skal vide, at et af de mest almindelige problemer for ryttere er usikkerhed, nervøsitet og angst.

Det er nemt (og helt almindeligt) som rytter at have et forholdsvis højt frygtniveau pga. de erfaringer, vi har haft tidligere og de historier, vi hører om eller kender til, hvor andre ryttere f.eks. er faldet af eller på anden måde er kommet til skade.

Der findes ikke nogen mirakelkur og det er denne bog heller ikke, men den giver dig en række gode råd, tips, tricks og velafprøvede værktøjer, som har bevist, at de virker.

Hvis du er åben og villig til at bruge dem, vil du med garanti også kunne sætte en masse ind på selvtillidskontoen undervejs – du kan godt begynde at glæde dig.

Selvtillid, tillid og tryghed skal komme fra os selv, det skal opbygges indefra. Det er noget alle kan opnå og alle kan lære.

Selvtillid og tryghed i ridningen og i omgang med heste er ikke noget, som blot lige kan "fixes".

At styrke og opbygge sin selvtillid og tryghed kræver, at vi er villige til at arbejde med os selv, har et åbent sind, tør prøve noget nyt og har tålmodighed både med os selv og selve processen.

Det at have selvtillid og kunne handle og føle sig sikker og tillidsfuld i alle situationer, opnås ved at træne en kombination af vores ord, tanker, følelser, mentale tilstand, positiv visualisering, fokus, koncentration, kompetencer, fysik og vejrtrækning.

Vores krop, sind og følelser er som et slags sammenhængende "system" og når vi arbejder med én del af det, vil det påvirke hele "systemet" f.eks. din selvtillid. Hvis der sker noget fysisk eller følelsesmæssigt, som har gjort dig utryg eller bange, vil det påvirke <u>hele</u> dig.

Når vi lærer de rigtige strategier og begynder at anvende dem bevidst, bliver tillid og troen på os selv ændret til et spørgsmål om valg - frem for blot at være et usikkert håb om, at alt går godt i en given situation.

Så hvad kan vi så gøre for at opbygge og genfinde vores selvtillid og gøre det til et spørgsmål og valg?

I denne bog giver jeg dig en række øvelser, tips og tricks som du kan bruge og som med sikkerhed kan gøre en positiv forskel.

Det er ikke sikkert, at du skal bruge dem alle sammen, føl dig fri til at udvælge dem, som virker for lige præcis dig.

Vi er alle forskellige og der er ikke noget, som er rigtigt eller forkert.

Måske bliver du også inspireret til at udbygge, ændre eller opfinde dine egne strategier og det skal du selvfølgelig endelig gøre.

Og lad os så komme i gang...

Rigtig god fornøjelse ☺

1. **Først og fremmest skal du berolige dig selv** med, at stort set alle ryttere føler sig nervøse indimellem. Du er bestemt ikke alene, ganske ofte bilder nervøse ryttere sig ind at alle andre er fulde af selvtillid, og det får dem bare til at føle sig endnu mere nervøse og usikre – men sådan er det bare overhovedet ikke !

2. **Er dit liv meget stressende?** Er det muligt, at andre ting påvirker din ridning? Er der noget du kan gøre for at lette det som evt. stresser dig? Det kan være f.eks. job, økonomi, sygdom, familie, krav og forventninger (egne eller andres)..

3. **Det kræver vilje, engagement og beslutsomhed** - og en masse arbejde - at genvinde sin selvtillid.
   Det kræver mod at tage bare bitte små skridt fremad, når ens underlæbe bævrer og man næsten er ved at tude bare ved tanken om at sætte sig op på hesten.

   Start med at spørge dig selv **hvorfor** vil jeg egentligt ride? **Hvorfor** er det så vigtigt for mig?

   Jo mere klar du er på dit **HVORFOR,** jo mere motiveret vil du være for at få opbygget din selvtillid, så du igen kan nyde den hobby, du elsker så meget. Hele tiden at huske dig selv på sit "hvorfor", vil give dig styrke igennem vanskelige tider, hvor du ikke føler, at du kommer videre.

   At kende sit "**hvorfor**" vil gøre det nemmere at ændre sine tanker fra: Det ville være *rart* at kunne..
   Til: Det VIL jeg kunne.

4. **Angst er meget tabubelagt,** og derfor er det svært for folk at indrømme, at de er bange. Erkend din angst og tal åbent om den. Vær klar til at møde omverdenens fordomme.

Tag kontakt til andre, som er eller har været i samme situation. Søg hjælp, hvis du ikke selv kan komme videre.

Ny, rolig hest (man kan altid »opgradere« igen). Kursus for ængstelige ryttere. Sund fornuft - hvor stor er sandsynligheden for, at det sker igen? Fokus på for eksempel rolig vejrtrækning, naturen, musik eller et tyggegummi. Mange korte, men succesfulde rideture. Mentaltræning og coaching.

5. **En bange rytter giver uklare signaler.** Det kan gøre en sensibel hest stresset og en tung hest endnu mere doven.

De fleste ryttere kender fornemmelsen af at være nervøs, og at angsten går direkte ned i hesten. Gennem mit job møder jeg mange mennesker, som er blevet bange for at ride og derfor kun tør håndtere deres dyr fra jorden.

Rytterens nervøsitet kan frustrere hesten. Jeg tror ikke, at angst som sådan smitter fra rytter til hest, men kvaliteten i signalerne fra en meget nervøs rytter er anderledes og uklare, og det forvirrer helt klart hesten, så den ikke gør, som den plejer, og så bliver rytteren måske endnu mere utryg. Prøv at være rolig og giv klare korrekte signaler, så hesten ikke bliver forvirret og du endnu mere nervøs.

6. **Vurder din udfordring realistisk.** Er du virkelig kompetent til at gøre, hvad du ønsker at gøre? Er det sikkert (som du selv vurderer det) for dig at gøre, det du gerne vil? Har du en instruktør/træner/erfaren ven, som du har mulighed for at tale om det med?

7. **Når du rider på din hest, føler du dig så sikker?** Hvis ikke, har du en instruktør/træner, der kan se nærmere på, hvordan du rider, som kan vurdere, hvad du laver biomekanisk og hjælpe dig til at blive mere sikker?

Eller hvis det er mere dine tanker, som driller f.eks. "Hvad nu hvis"-tanker, der kredser om alt det, der kan "gå galt". Har du prøvet at kontakte en coach, som kan hjælpe dig med at få styr på de uhensigtsmæssige tanker, som begrænser dig?

8. Når du ændrer dine tanker, ændrer du alt!

9. **Har du en yndlingssang** eller noget musik, der gør dig glad og får dig i godt humør? Hvad sker der, hvis du nynner for dig selv, når du tænker på at ride? Føler du dig mere positiv og sikker?

   Prøv at synge for dig selv (og din hest ☺), når du rider eller få den musik du holder af lagt ind på din telefon, så du kan lytte til det i dit headset mens du rider. Du vil blive overrasket over, hvordan det får dig til at slappe af og nyde turen.

10. **Sørg for ikke at gøre problemet større end det er.** Hvis du f.eks. er nervøs for galop, så se på andre når de galopperer og bemærk, hvor meget (eller lidt) bevægelse, der egentligt er i hestens ryg.

    Passer det sammen med, det billede du har i dit eget hoved, når du tænker på galop?

    Hvis du er nervøs for at springe, så se på når en anden rytter springer f.eks. et kryds, hvor højt hesten rent faktisk "springer/går over" over det. Juster din indre billede af, hvor højt (eller måske nærmere lavt) springet i virkeligheden er.

11. **Er det hele dårligt** eller er det i virkeligheden bare én dårlig oplevelse, du har fået til at fylde alle dine tanker?

12. **Hvad er omfanget af problemet?** Er det i alle situationer du er nervøs eller bare nogle ting? Er du f.eks. afslappet og rolig når du er sammen med din hest i stalden, strigler osv.?

    Er du nervøs, når du skal ride? Når du skridter, traver, galopperer, skal på tur eller springe? Er du bange for din hest vil "spooke", bukke eller stikke af? Lav en liste over alle de ting, du allerede kan håndtere trygt og lykønsk dig selv!

    Opbyg din selvtillid stille og roligt i dit eget tempo et skridt af gangen og gå først videre, når du føler dig helt tryg med det du kan.

13. Husk at trække vejret!
Det er virkelig en
undervurderet øvelse, og
jeg kan ikke opfordre nok
til at man øver sig og
bruger det dagligt. Øv dig i
at trække vejret dybt og
roligt, både når du rider,
og når du tænker på at
ride.

Slap af i skuldre, nakke og
kæber. Det vil hjælpe dig til at være mere afslappet og
trække vejret dybere.

Du kan lave denne øvelse, så snart du føler
usikkerheden kommer snigende: Træk vejret roligt ind
igennem næsen og helt ned i maven mens du
langsomt tæller til 4, pust derefter ud gennem
munden, igen langsomt mens du tæller til 4.
Lav øvelsen nogle gange.

Du vil med det samme kunne mærke hvordan hele din
krop (og hestens) begynder at slappe af, og du vil igen
have overblik og overskud.

**14. Forestil dig at en af dine yndlingsryttere rider din
hest** og arbejder med de problemer, du er nervøs for.
Hvad er det rytteren gør?

Se det for dit indre øje og læg mærke til, hvordan
rytteren arbejder med din hest. Forestil dig nu at du er

den rytter og "se og fornem" i dine tanker, hvordan det er at ride din hest på den måde. Øv det først i dine tanker og derefter på din hest.

15. **Stop!! Hvis du bliver nervøs og usikker så stop.** Hop af hesten og find roen i dig selv igen og sid så op og forsæt. At stoppe er i langt de fleste tilfælde meget mere effektivt end at kæmpe videre og prøve at få tingene til at fungere når du er under pres.

Selvfølgelig vil der være situationer hvor det virker at forsætte og ride sig ud af situationen, men hvis du bliver ved med at føle dig nervøs og usikker selvom du prøver at ride videre, så stop op og få ro og overblik i stedet for at kæmpe videre.

Du vil sikkert blive overrasket over, hvor positiv effekt det vil have på din hest, hvis du prøver at gøre det modsatte af det du plejer.

Og NEJ hesten føler IKKE at den "vinder". Heste er ikke ude på at kæmpe mod dig, heste er flokdyr og ønsker at samarbejde og følger hellere end gerne en kompetent, retfærdig og rolig flokfører, som gør det, der skal til for at tingene lykkes på bedste vis.

16. **Hvis det er et fald eller anden ulykke,** som har gjort dig bange, så kunne det måske være en hjælp hvis du kan finde en ældre sikker hest at ride et par gange for at hjælpe med at genopbygge din selvtillid.

17. Arbejd med dit sæde og din opstilling. Få en du føler dig tryg ved, til at longere dig uden tøjler og stigbøjler for at udvikle bedre balance og større evne til at følge hestens bevægelser, så du afslappet kan koncentrere dig om at holde dig centreret og fokuseret.

Der er bestemt ikke noget "forkert" eller nederlag i det. Tænk på at på Den Spanske Rideskole rider de i longe de første mange år af deres uddannelse... og hvis de kan, ja så kan vi naturligvis også.

18. Hvis du spænder i muskler og led når du rider, så brug et øjeblik på at løsgøre dine muskler og spændinger.

Løft skuldrene til ørerne og slap af igen. Løft låret væk fra sadlen og langsomt tilbage igen, skiftevis eller samtidigt. I parade; bøj dig over hesten og rør med dine fingre, tæerne på den modsatte side. Stræk dig fremad mod hestens ører og tilbage mod halen med hver hånd.

Drej og løsgør dine håndled, drej og løsgør dine ankler ved at tegne cirkler med tæerne. Slap af i kæberne og fløjt eller nyn mens du rider.

19. **Er du til stævne**, så find - inden du stiger op - den rolige og afslappede følelse og de positive tanker du havde, da du ordnede hesten og gjorde den klar.

Hold fokus og sluk mobiltelefonen eller lad den blive i bilen. Husk: koncentrér dig om din hest og hold snak på et minimum.

Vær bevidst om din vejrtrækning og varm stille og roligt op, uden at forcere noget – det er ikke i opvarmningen du skal træne og øve dig – det skal være på plads hjemmefra, så det bliver en positiv oplevelse for både dig og din hest.

Start hellere en klasse lavere end du umiddelbart kan ride under normale omstændigheder, det giver ro og overskud.

20. **Hvis noget ikke går helt efter planen,** når du rider dit program til kursus eller lign., så brug din vejrtrækning til at hjælpe dig med at genfinde fokus og holde dig og hesten afslappet.

Du skal Ikke dvæle ved evt. fejl, men i stedet rette dit fokus og koncentration mod den næste øvelse eller spring.

21. **En god ting du kan gøre er** at, sørge for at gøre dig selv til det sikreste sted for din hest at være.

I hestens sind er et sted, hvor den kan føle sig afslappet et sikkert sted. Det starter fra det øjeblik, du åbner stald døren, og fortsætter indtil du lukker hesten i boks eller på fold igen, efter I har redet.

Når du udvikler rutiner i selv at være afslappet, vil du hjælpe din hest til det samme, og du bliver dermed et sikkert sted. Du bliver det sted, hvor hesten ønsker at være.

22. **Fokuserer du på, hvad der kan gå galt?** Når dit sind kører i ring omkring alle de dårlige ting, der kunne ske, er det umuligt for dig at fokusere på, hvad der rent faktisk sker i nuet. Du bliver reaktiv snarere end proaktiv.

Hvad skal du gøre i stedet: - Vær tilstede her, NU! Vær nærværende og til stede i øjeblikket når du er sammen med din hest.
Er din hest mon bekymret fordi vinden blæser, eller er han spændt, fordi du er anspændt?

Når du er opmærksom på, hvad der virkelig sker nu i dette øjeblik, kan du ikke være bekymret over hvad, der kan ske i fremtiden.

23. **Bekymrer du dig kun om resultatet?** Når dit fokus er på det endelige resultat, går du glip af selve rejsen. Du går glip af vigtige skridt, der er nødvendige i processen med at nå dertil.

Hvad skal du gøre i stedet: - Have fokus på hvert trin i processen. Vær tilstede i nuet og undgå at tænke for langt frem og alene fokusere på slutresultatet.

Du bygger et solidt fundament ved at koncentrere dig om hvert trin i læringsprocessen, som du og din hest har brug for at tage sammen, for at kunne nå dit ønskede resultat.

24. **Føler du dig bedømt af andre?** Præstationsangst kan forekomme hvor som helst andre mennesker kan se dig ride.

Det kunne være når du bliver undervist, på et kursus eller i en konkurrence. Når du bekymrer dig om, hvad andre mennesker tænker, kommer du til at stå i vejen for dig selv.

Du skal være ligeglad med, hvad andre måtte tænke om din præstation. Hold op med at prøve at læse andre folks tanker. Personer, som kommer med negative udtalelser, vil hurtigt glemme alt om dig og finde et nyt "offer".

Udtalelser fra nogen, der ikke bekymrer sig om og støtter dig er <u>ikke vigtige</u>. Så lad det det passere og lad dig ikke påvirke, det er på ingen måde værd at bruge energi på!

Folk, der bekymrer sig om dig vil derimod støtte dig.

25. Tager du dine bekymringer og stress med i stalden?

Du har haft en dårlig dag på kontoret, et skænderi med dine børn eller din ægtefælle, eller er blevet forsinket i trafikken og nu kommer du for sent til undervisning. Vi bliver dagligt udsat for fysiske og psykiske udfordringer, der kan give bekymringer og irritationer og som fortsætter med at påvirke os længe efter selve begivenheden fandt sted.

Vores humør og bekymringer påvirker alting; din tålmodighed, din evne til at lære og naturligvis også din hest.

Hvad gør man i stedet: - Lad distraktioner og problemer fra dit liv blive uden for stalddøren. Du skal alligevel ikke bruge dem til noget, hverken i stalden eller på rideturen. Hvis du virkelig ønsker det, kan du jo samle dem op igen, inden du tager hjem. Men du kan også bare vælge at lade dem blive der permanent.

Når du er sammen med din hest, så prøv at være tilsted i nuet, sæt farten ned, nyd din hobby og din dejlige hest. Hvis du ikke kan det en enkelt dag, så gør dig selv og din hest en tjeneste: giv ham et klap og en gulerod og kom igen i morgen.

26. **Vil du være perfek?** Det er urimeligt altid at lede efter perfektion i dig selv, din hest eller din ridning.

Livet er en rejse, og du vil have gode dage og dårlige dage - det samme vil din hest.

Hvad gør man i stedet - Stop stræben efter perfektion. I ridning (som i livet) er der altid plads til forbedringer.

Erkend, hvor du kan forbedre dig uden at slå hverken dig selv (eller din hest) i hovedet. Nyd rejsen og vær taknemmelig for al den lærdom du opnår. Vær glad for de ting du kan og de ting, din rejse lærer dig undervejs.

27. **Overtænkning eller overanalysering.** Ridning kræver at du er i stand til at føle din hest. Det kræver bevidsthed om din egen krop samt hestens krop.

Når du overtænker, er det den venstre, analytiske side af din hjerne, som tager kontrollen og begrænser din evne til at sanse og føle din hest (eller din egen krop, for den sags skyld). Vær opmærksom på, hvad der sker i det øjeblik, du er for meget i dit hoved i stedet for i din krop.

Hvad skal du gøre i stedet - Tænk mindre. Føl mere. Engager højre side, følelsessiden, af din hjerne ved at tune ind på rytmen og bevægelsen af hestens krop, skab et billede af, hvordan du ønsker at føle (f.eks. blød og let som en fjer), eller hør evt. musik når du rider. Du kan også nynne en melodi, der beroliger eller inspirerer dig.

28. **Tager du tingene alt for alvorligt.** Når du tager tingene for alvorligt eller kun fokusere på resultater, stopper ridning med at være sjovt – både for dig og din hest.

Du nyder det ikke, hvis du konstant koncentrerer dig om, hvor godt (eller dårligt) du har udført en øvelse eller kun fokusere på, hvad der gik galt efter hver ridetur. Husk at det skal være sjovt, og du skal nyde det. Du fik hest for at have det sjovt og fordi ridning bragte dig en følelse af glæde, eventyr og tilfredsstillelse.

Ligesom os er heste sociale væsener, der trives med afslappet samvær og leg. Selvfølgelig skal ridning også handle om træning, men hver ridetur bør også indeholde sjov og hyggeligt samvær, for at undgå at køre din hest (og dig) træt i sure pligter og kedeligt, ensformigt arbejde.

29. **Små skridt kan få din tillid tilbage.** Tag små opnåelige trin. Mange mennesker begår den fejl, at de går for hurtigt frem eller tager for store risici. Hvis du gør for meget for hurtigt, kan du risikere at gå baglæns i stedet for fremad.
Samtidig, skal du acceptere, at du vil have gode dage og dårlige dage. Så længe du bevæger dig i den rigtige retning og opnår små fremskridt, så vær tilfreds med det og vid, at du er på rette vej. Ting tager tid – giv dig selv tid!

30. **Tillid kan være meget nemt at miste og meget sværere at genvinde**, så sørg for at du bevarer kontrollen over situationen og ikke tillader dig selv at blive skubbet for langt, for hurtigt af velmenende (men ofte uerfarne) familie eller venner.

31. **Gør tingene i dit eget tempo.** Du skal ikke være forhastet eller lade dig presse, men tag gerne i mod positiv opmuntring og hjælp fra erfarne og kyndige

hestefolk, som har forståelse og respekt for dig, og som du har tillid til.

32. **Sørg for at tilbringe mere tid med positive hjælpsomme mennesker** og undgå at bruge tid med negative kritiske mennesker.

De rigtige mennesker kan gøre en kæmpe forskel og være en stor hjælp og inspiration i arbejdet med at opbygge din selvtillid.

33. **Accepter, at du måske aldrig igen bliver så "modig" som du var**, da du var et barn eller teenager. Husk at når man er ung kommer meget af den "ubekymrethed og det mod" man har fra manglende erfaring.

Det er, hvad der menes, når man siger "Uvidenhed er lyksalighed«.

Med alderen kommer erfaringen, brug denne erfaring fornuftigt og du vil stille og roligt blive i stand til at nyde ridningen igen.

34. **Når du har fået din selvtillid tilbage,** så sørg for at ride så regelmæssigt som muligt, fordi lange pauser har en tendens til at mindske din selvtillid igen.

Bare du rider en gang eller to om ugen regelmæssigt er helt fint, hvis det "kun" er det du har tid til og mulighed for.

35. **Jo mere du rider** (så længe du fortsat har positive oplevelser), jo bedre bliver dine ridefærdigheder og jo bedre vil du føle dig.

Det vil sætte dig i en "opadgående spiral" i stedet for "nedadgående spiral", der har tendens til at opstå, hvis du ikke får redet og derfor ikke får de positive oplevelser, hvilket kan føre til at du rider mindre og mindre i stedet.

36. **Løb eller gå en rask tur.** Tro det eller ej, men dette er faktisk et af de mest effektive værktøjer vi kan bruge inden vi skal ud og ride.

Når vi bruger os selv fysisk i 15-30 min. får vi frigivet endorfiner i vores krop, også kaldet lykkehormonet. Endorfiner ændrer vores følelser og vi bliver mere glade, optimistiske og føler os mere selvsikre.

Undersøgelser viser at en rask gåtur på bare 1/2 time om dagen, vil have en overraskende positiv effekt på vores helbred, selvtillid, humør og en lang række andre parametre både fysisk og psykisk.

37. **Lav en sikkerhedsboble.** Tænk på en farve som repræsenterer sikkerhed og selvtillid for dig.

Når du rider, så forestil dig at du er inde i din sikkerhedsboble, som beskytter dig mod alt udefrakommende af negative tanker og forstyrrelser.

Inde i din boble kan der ikke ske nogen skade. Når du gør det, vil du føle dig mere sikker og dermed være afslappet og ride bedre.

38. **Øg din selvbevidsthed.** Prøv at stille dig selv disse 4 spørgsmål, for at fastslå din følelsesmæssige og mentale sindstilstand.
    - a. Hvad tænker jeg?
    - b. Hvad føler jeg?
    - c. Fysisk er jeg...
    - d. Psykisk er jeg...

Når du stiller dig selv disse spørgsmål, vil du blive mere bevidst om dig selv, og når du kender dig selv bedre, vil du have meget nemmere ved at acceptere dig selv, hvilket øger din selvbevidsthed, som igen vil styrke din selvtillid.

Mange ryttere slår "automatpiloten" til når de rider, men hvis du ønsker større selvtillid, er det nødvendigt at øge sin selvbevidsthed, og det kan du ved at arbejde med denne strategi.

39. **Meditér.** Jep, du læste rigtigt; lær at meditere. (Og nej du behøver hverken røgelse, orange tøj, små messingklokker eller at bo i en hule ☺)

Det første skridt i meditation starter med at man koncentrerer sig om sin vejrtrækning. Meditation er en fantastisk måde at berolige sindet. Så hvis du føler dig stresset, nervøs eller angst, så brug 5 minutter på at medltere.

Sæt dig et uforstyrret sted og fokuser på din vejrtrækning, langsomt ind og langsomt ud i et roligt tempo. Forestil dig at luften du trækker ind har en dejlig klar og beroligende blå farve (ligesom en skyfri sommerhimmel) og føl den kommer helt ned i dine lunger og ud i hele din krop. Når du bliver forstyrret af andre tanker, så lad dem flyve ud sammen med din udånding.

Meditation kræver øvelse, så gør det til en daglig rutine og træn det hver dag. Du kan meditere uanset hvor og hvornår.

40. **Bliver du bange ved tanken om et bestemt tempo?** (Dette sker ofte med galop.) Det kan hjælpe at blive longeret af en instruktør, så du kan føle de forskellige gangarter og arbejde på din opstilling, uden at du skal

koncentrere dig om andet end dig selv, og ikke frygte for at hesten gør noget uventet.

41. **Nogle gange har hest og rytter bare ikke kemi.** Professionelle ryttere kan ikke gøre meget ved dette, men hvis du rider som hobby og fornøjelse, kan det være værd at spørge dig selv, om du virkelig har den rigtige hest for dig.

Det hjælper ikke dig eller din hest at kæmpe og mase på, bare fordi du tror, du skal.

42. **Prøv om du kan være specifik omkring problemet?** Har din frygt at gøre med noget i fortiden, eller med at foregribe fremtiden - eller begge dele?

Har du (eller nogen du kender) været ude for noget traumatisk i fortiden? Eller forestiller du dig, hvad du tror der kan ske?

Identificer problemet og afprøv alle de teknikker, du kender til at afhjælpe det specifikke problem. Nogle gange vil det hjælpe dig til bedre at kunne håndtere det, bare at forstå, hvad der foregår.

43. **Har du et bestemt indre billede i dine tanker**, som bekymrer dig? Hvis ja, så prøv og at bemærke hvordan billedet er.

Er det i farve? Er det ligesom et fotografi, eller er det mere som en video? Kan du ændre billedet i dit hoved - for eksempel ved at gøre det mindre, eller gøre det helt ensfarvet og utydeligt?

Hvis det er ligesom en video så prøv med denne NLP
øvelse: At spole den hurtigt baglæns flere gange.

44. **Tanker er ikke virkelige**, så lad dem ikke påvirke dig.

45. **Se for dig et indre billede af, at du rider din hest.** Kan
du fornemme, hvordan din frygt påvirker din ridning?
Skift dit indre billede, så du ser dig selv ride trygt og
afslappet.

Træd ind i billedet, og mærk din krop og hestens
bevægelser og oplev, hvordan det føles at være sikker.
Bliv ved med at finjustere dit indre billede, indtil du er
tilfreds med resultatet - og mind dig selv om at gøre
præcis det samme, når du rider.

46. **Elsk din hest** og gør den til din drømmehest. Ofte
kommer vi til at bebrejde vores hest og give den en
del af skylden for vores problemer. Men al adfærd er
et dynamisk system, så du er sandsynligvis lige så
ansvarlig for tingenes tilstand, som din hest er.

Problemet er, at når man har negative følelser over
for sin hest, vil det blive opfattet af hesten via de
feromoner vi udskiller. Lugtesansen er den eneste
sans med en direkte vej til den del af hjernen, som er
ansvarlig for "kæmp eller flygt"-instinktet og det
samme gælder for vores heste.

Ved at opbygge et tæt bånd med din hest, vil du føle
et tættere fælleskab og få et bedre partnerskab, som
igen vil give dig mere tillid og selvtillid og gøre det

nemt at elske din hest, fordi I er hinandens bedste venner.

Jordarbejde, gåture samt røgt og pleje, vil opbygge et tæt partnerskab med din hest.

47. **Mærk efter hvad du virkelig føler;** er det frygt eller spænding? Når du kan føle dine nerver er på spil, så husk at den betydning du giver dem, er helt op til dig selv.

Vi vil altid føle noget, også selvom vi er fulde af selvtillid og vi vil altid være lidt spændte og nervøse, hvis vi skal præstere foran en dommer eller et publikum. Det er kun godt at vi kan føle os spændte og lidt nervøse, da det får os til at stramme os an og yde vores bedste når det gælder.

Det som er forskellen er, hvilken betydning du lægger i følelsen – stævnenerver føles som sommerfugle i maven og vil forsvinde så snart du er kommet i gang med at ride. Frygt føles som af skræk, angst, måske vrede, lyst til at græde eller at være ude af stand til at handle.

48. **Tænk positivt.** Ingen er sikre i ALT hvad de foretager sig i livet. Jeg tænker at 99 % af det du laver til dagligt, gør du fuldstændigt uden at tænke over det med en selvfølgelighed og selvtillid som er helt naturlig.

Så hvis du hele tiden spørger dig selv: "Hvorfor er jeg så usikker?", vil du automatisk tænke på dig selv som om, du er usikker i alt, hvad du foretager dig, og det er jo ikke sandt.

En positiv formulering af spørgsmålet, som ville være mere korrekt er f.eks.: Hvordan får jeg MERE selvtillid? Dette vil fortælle din underbevidsthed at du har selvtillid - men at du bare gerne vil have mere af den i forbindelse med din ridning.

49. **Se op og smil** ☺ - Vores øjne og der, hvor vi kigger hen vil ofte vise, hvordan vi tænker og føler.

Når vi er "deprimerede" og går rundt og kigger ned har vi en tendens til at udstråle nedtrykthed og tristhed. Når vi er glade, optimistiske, føler os godt tilpas og tillidsfulde, kigger vi typisk op og udstråler åbenhed og imødekommenhed.

Så når du føler dig usikker, så kig op i stedet for at gå og kigge ned på dine støvler og snige dig langs panelerne. Når alt kommer til alt så er det bare nemmere at se, når du kigger op og du vil føle dig bedre tilpas, hvis du kigger op – om ikke andet så fordi du undgår at knalde hovedet ind i ting! ☺

50. Fejr dine succeser.

Måden vi udvikler vores selvtillid og evner på, er ved at anerkende og huske vores succeser. Når vi lykkes med noget, vil det automatisk give os en glæde og tro på os selv og give os en større evne til og følelse af, at vi er i stand til at klare de forskellige udfordringer og situationer vi bliver stillet over for i vores liv, både når det gælder hestene og ridningen, men naturligvis også i livet som almindelighed.

"Team spirit"

HUSK ALTID...

Tag dig tid til at nyde livet, hyg dig og hav det sjovt med dine venner og familie, leg med din hest, lær HMS, træk ture, gå ud giv en gulerod på folden. Det er alt sammen med til at udvikle dig som person og skabe et godt partnerskab med din hest.

Den mentale del af al sport, betyder meget mere end de fleste er klar over og det kan gøre en kæmpe forskel, når man lærer, hvordan ens tanker og følelser påvirker ens præstationer både negativt og positivt.

Det er vigtigt at nævne, at ryttere har en tendens til ikke at bede om hjælp til mentaltræning, før de har prøvet alt andet. Jeg har hørt mange gange at det at forsøge med coaching, er en "sidste udvej", og hvis det ikke virker vil de sælge deres hest og nogle overvejer endda helt at opgive ridningen!

Til slut vil jeg sige til dig, at for at blive en selvsikker rytter kræves både tekniske færdigheder, en positiv tankegang, vedholdenhed, tålmodighed og viljen til at lære.

Husk det allervigtigste er, at have fokus på at nyde den tid du bruger med din hest (jeres fælles rejse). Det vil hjælpe med at opbygge et bedre partnerskab og holde din passion i live.

Når du er afslappet, rolig og nyder dine oplevelser sammen med din hest, vil du være åben for læring og vækst og dermed have de bedste muligheder for at være den bedste partner for din hest, blive den bedste rytter du kan blive og kunne få opfyldt dine ønsker og drømme.

Alle mine bedste ønsker for dig og din hest

Pia Bjerre

Tak fordi du læste min bog, jeg håber du er blevet inspireret og motiveret.

Hvis du har lyst til at vide mere om mentaltræning for ryttere, er der flere forskellige muligheder, du kan se nogle af dem herunder.

- Rytterfokus.dk – mentaltræning for ryttere

- Følg Rytterfokus på Facebook

- Tilmed nyhedsbrev

- Kursus med fokus på mentaltræning

- Kom med til foredrag

- Få personlig coaching

- Arranger en workshop hos jer selv